MANCHÍ

Eine Schritt für Schritt
Anleitung zum Jeansnähen

Manuela Senfter

NÄHEN
IST
WIE
ZAUBERN
KÖNNEN!

MANCHÍ

DIY – Do it yourself
Näh dir deine Jeans!

Manuela Senfter

Text, Fotos & Redaktion: Manuela Senfter, Hamburg, m.senfter@manchi.de
Grafik & Design: Anita Posselt Werbeagentur, Axams
Herstellung & Verlag: BoD – Books on Demand, Norderstedt

Alle Informationen wurden mit größtmöglicher Sorgfalt zusammengetragen,
dennoch erfolgen alle Angaben ohne Gewähr. Satz- und Druckfehler vorbehalten.

Bibliografische Information der Deutschen Nationalbibliothek:
Die Deutsche Nationalbibliothek verzeichnet diese Publikation in der Deutschen Nationalbibliografie;
detaillierte bibliografische Daten sind im Internet über dnb.dnb.de abrufbar.

ISBN: 9783732291069

INHALT

VORWORT

Das vorliegende Buch ist für alle Nähbegeisterten gedacht, die schon immer eine Jeans nähen wollten, aber sich noch nicht trauten.

Ich war eine Nähanfängerin, als ich mich dazu entschloss, eine Jeans zu schneidern. Sehr gerne hätte ich eine schriftliche Anleitung mit einer sinnvollen Reihenfolge der einzelnen Schritte auf Papier gehabt, welche mir Struktur und Erklärungen gegeben hätten. Ich musste viele Versuche machen. Im Zuge dieser Arbeit gründete ich die Marke MANCHÍ und befasste mich eingehender mit Schnitten und Passformen. Heute bin ich in der Lage gut sitzende Jeans zu nähen. Diese Kenntnisse und Erfahrungen möchte ich euch sehr gerne zugänglich machen, damit das Jeansnähen im ersten Anlauf klappt.

Mit der vorliegenden Anleitung erkläre ich dir Schritt für Schritt, wie du dir selbst eine gut sitzende Jeans nähst. Sollte dir der Umgang mit der Nähmaschine bereits vertraut sein und du schon einige Nähprojekte wie beispielsweise Kissen, Taschen, Röcke, Mützen angefertigt hast, dann liegst du mit diesem Booklet genau richtig. Das Wichtigste ist aber der Spaß am Nähen und das Interesse ein individuelles, einzigartiges, selbst genähtes Kleidungsstück herzustellen.

Ganz nebenbei tust du auch etwas für die Umwelt, indem du dir selbst ein Bekleidungsstück nähst, das im Handel eine sehr negative Ökobilanz hinsichtlich Produktion und Transport aufweist. An dieser Stelle ein Buchtipp von mir: JEANS – Karriere eines Kleidungsstückes von Doris Schmidt (Hrsg. Band 2).

EINSTIEG

Das Wichtigste für das Nähen einer Jeans ist, dass du dieser Beschäftigung Freude, Geduld und Zeit widmest.

Damit das Jeansnähen gelingt, benötigst du eine stabile Haushalts-nähmaschine, die auch dickere Stoffe transportieren kann.
Zudem sollte deine Nähmaschine eine
* Knopflochfunktion besitzen und
* Zick-Zack-Stiche in unterschiedlicher Breite nähen können.

Da Jeansstoff in den meisten Fällen ein wenig fester als andere Stoffarten ist, empfiehlt sich für die Nähmaschine eine Jeansnadel und zum Nähen des Reißverschlusses ein passender Nähfuß.

Für das Versäubern der Schnittkanten eignet sich eine Overlockmaschine. Solltest du keine besitzen geht alternativ auch der enge Zick-Zack-Stich deiner Nähmaschine.

Welches Nähwerkzeug brauchst du?

* Stoffschere
* Pfriem *(Werkzeug zum Auftrennen)*
* Schneiderkreide bzw. Schneiderkreidestift
* Stecknadeln
* Maßband
* Heftfaden und Nadel
* Feuerzeug zum Sengen der Fäden
* Sticknadeln *(für das Vernähen der Overlockfäden)*
* Bügeleisen

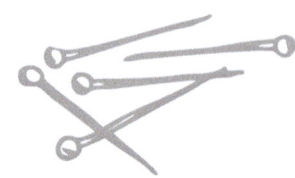

Welches Nähzubehör brauchst du?

- Jeansstoff
  Die Stoffbreite liegt normalerweise zwischen 1,40 und 1,60 Meter,
  für eine Jeanshose benötigst du zwischen 1,50 und 2,0 Laufmeter Jeansstoff.
- dünner Baumwollstoff für das Taschenfutter *(ca. 0,50 Laufmeter)*
- Vlieseline F220 für Formbund zum Aufbügeln
- stabilen Reißverschluss *(RV) (je nach Schnittmuster zwischen 8 und 14 cm)*
- Jeansnähgarn
- Knöpfe und Nieten
- Labels zum Anbringen *(falls gewünscht)*

Was brauchst du zum Anbringen von Knöpfen und Nieten?

- Hammer
- Nagel oder Holzpfriem
- weiches Tuch
- ein dickes Holzbrett

Alternativ gibt es im gut sortierten Nähfachgeschäft auch Hersteller, die einfaches Werkzeug zum Einschlagen von Jeansknöpfen und Nieten anbieten.

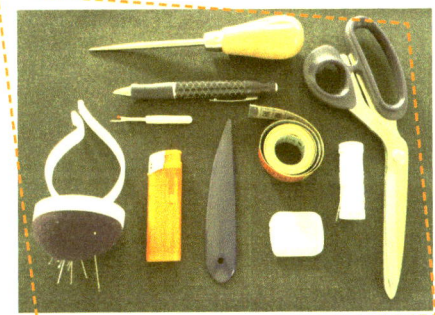 

TIPP

Ich nutze maßgefertigte Hosenschnitte, die ich nach
einem selbst entwickelten und in Deutschland patentierten
Verfahren erstelle (Patent Nr. 10 2011 055 620).

MANCHÍ

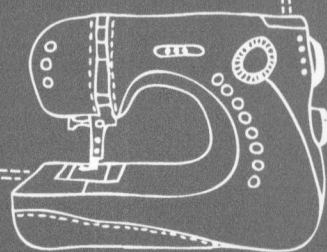

SCHNITTMUSTER UND DENIM (JEANSSTOFF)

Stoff versäubern, waschen und trocknen

Bevor du mit dem Zuschneiden beginnst, solltest du den Jeansstoff
einmal in der Waschmaschine bei mindestens 40 Grad waschen.
Jeansstoff läuft üblicherweise ein wenig ein. Damit der Stoff während
des Waschvorgangs nicht ausfranst, musst du den Stoff vorher versäubern.
Am schnellsten geht es mit der Overlockmaschine. Alternativ geht es auch
mit einem engen Zick-Zack-Stich. Der Stoff sollte am besten an der Luft
trocknen und anschließend mit der Hand glatt ausgestrichen werden.
So lässt er sich gut zuschneiden.

Eine nicht zu unterschätzende Rolle spielt der Denim, also der Jeansstoff,
beim Anfertigen der Jeanshose. Bei einem geraden, weiten oder an den
Beinen ausgestellten Hosenschnitt kann man gerne einen Stoff aus 100 %
Baumwolle verwenden, da ein solches Schnittmuster nicht hauteng am
Körper anliegt. Mussten in den 60er Jahren die Frauen noch mit der
Baumwolljeans in die heiße Badewanne steigen, um bei der Jeans einen
figurbetonten Look zu bekommen, helfen heute Stretchstoffe bei dieser
Adjustierung. Die Grundfaser der Jeans, die Baumwolle, wird mit Elasthan
gemischt.[1] Daher ist es ratsam bei engen[2] oder konischen[3] Schnitten
eine Materialzusammensetzung aus Baumwolle und Elasthan zu wählen,
da der Stoff sich dehnt. Trotzdem kann kein noch so exzellenter Stoff ein
gutes Schnittmuster ersetzen. Zusammengefasst kann man sagen: Bei
körperbetonter Schnittführung ist es ratsam einen Jeansstoff mit Stretchanteil
zu nehmen und bei weniger körperdefinierten Schnittmustern empfiehlt sich
ein Jeansstoff aus reiner Baumwolle.

1) Vgl. Schmidt, 2003, S. 119. 2) Beispielsweise Röhrenjeans sind wie Röhren eng geschnitten,
Skinny Schnitt ist sehr hauteng wie eine zweite Haut usw. 3) Schnitt beginnt locker auf der Hüfte
und Oberschenkel und verjüngt sich zu den Knöcheln hin.

Schnittmusterteile einer Jeanshose

AUFBAU VORDERHOSEN

- 2 Vorderhosen (VH), davon ist bei einem Teil ein Untertrittbeleg (UB) für die Unterlegung des Reißverschlusses (RV) integriert
- 2 Taschenbeutel (TB) für das Taschenfutter
- 2 Taschenspiegel (TS) für die Eingrifftaschen
- 1 Münztasche auf der rechten Vorderhose
- 1 Übertrittbeleg (ÜB) für den Reißverschluss

AUFBAU HINTERHOSE

- 2 Hinterhosen (HH)
- 2 Hintertaschen (HT)
- 2 Passen

AUFBAU BUND

- 1 äußerer Formbund
- 1 innerer Formbund
- Vlieseline für äußeren Formbund
- 1 Gürtelschlaufenstück

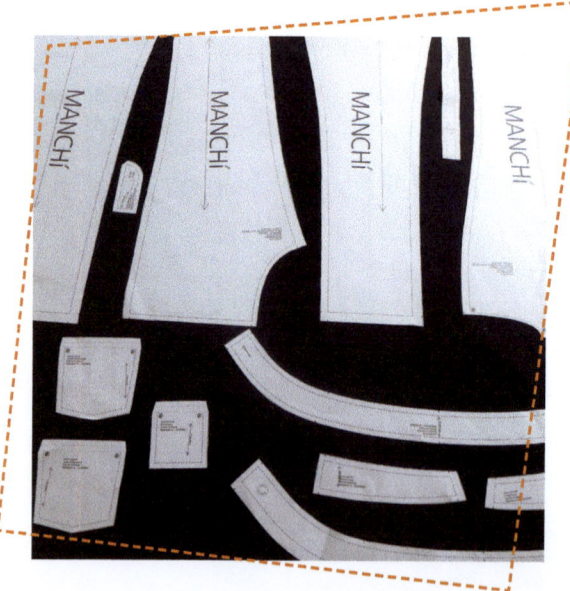

ZUSCHNITT

Das Auflegen der Schnittteile und das anschließende Ausschneiden der Stoffteile erfordert präzises Arbeiten.

In den meisten Schnittmustern liegen HH, VH, HT usw. nur einmal vor. Das Gegenstück erhält man, indem man den Stoff faltet und so mit einmal Auflegen zwei Teile ausschneidet. Der Nachteil bei dieser Vorgehensweise besteht darin, dass der Stoff beim Zuschneiden leicht verrutscht und der Zuschnitt dadurch ungenau wird. Bei meinem Schnitt im vorliegenden Booklet habe ich alle Hosenteile bereits zweimal vorliegen.

Meine persönlichen Tipps, damit der Zuschnitt gelingt

- Lege die Schnittmusterteile einzeln auf den Jeansstoff und fixiere die Schnittteile mit durchsichtigem Tesafilm. So gelingt es, den Stoff präziser zuzuschneiden.

- Achte darauf, dass du in Richtung des Fadenlaufes zuschneidest, sonst verzieht sich der Stoff zu den Seiten hin und das ergibt einen unvorteilhaften Schrägverzug. Falte die Hosenbeine und markiere die Mitte. Dann zeichne entlang der gesamten Beinlänge eine senkrechte Linie und lege den Schnitt parallel zur Webkante des Stoffes auf. Ermittle den Abstand von der markierten Schnittmitte des Hosenbeins bis zur Webkante des Stoffes. Der Abstand von der Schnittmitte der Hosenteile bis zur Webkante muss immer gleich sein. Bei meinen Schnittmustern ist die Mitte bereits eingezeichnet *(siehe Abb. Seite 14)*.

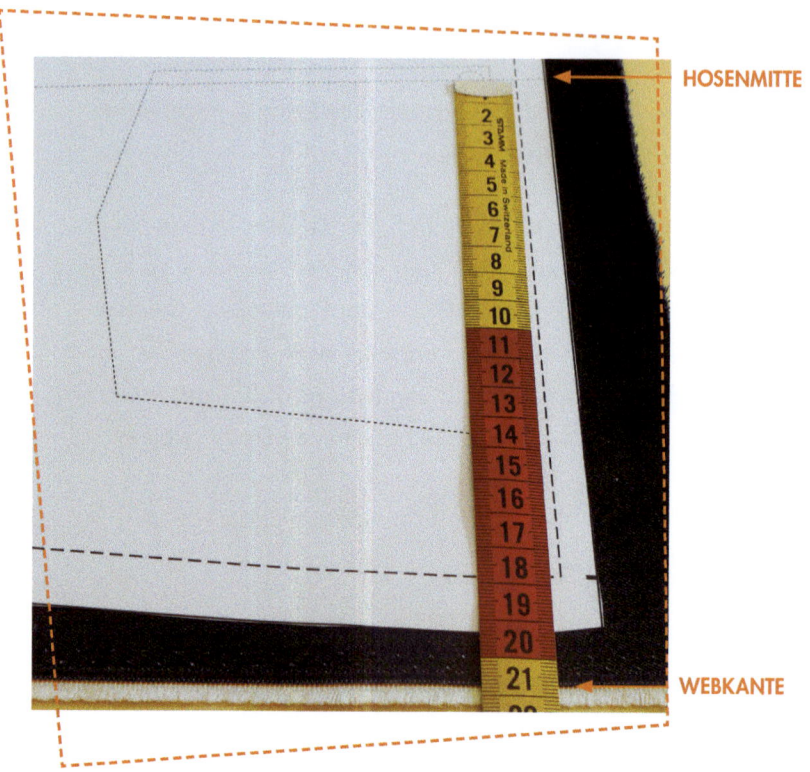

HOSENMITTE

WEBKANTE

ANLEITUNG VERSTEHEN

Mir ist es wichtig, dass das vorliegende Anleitungsheft für dich klar
strukturiert und einfach verständlich ist. Die Bilder sollen dir dabei helfen,
einzelne Arbeitsschritte besser nachzuvollziehen. In kreativer Hinsicht
sind dir keine Grenzen gesetzt. Die Designvorschläge, beispielsweise bei
Nähten, sind als einfache Beispiele zu verstehen. Du kannst individuelle
Akzente bei der Auswahl der Farbe/Dicke des Jeansstoffes, des Nähgarns,
der Art von Zierstichen usw. setzen.

Bei der vorliegenden Anleitung geht es mir in erster Linie um die Vorgehensweise beim Nähen einer Jeanshose. Diese bleibt auch mit unterschiedlichen Designelementen immer dieselbe. Und je besser dir mit der Zeit das Nähen einer Jeans gelingt umso mehr kannst du mit Designvarianten experimentieren. Die Anleitung soll dir auch bei anderen Hosen jeglicher Art als Kompass dienen und dir zum Verständnis für das allgemeine Nähen von Hosen dienen. Ich verwende im folgenden Booklet einige Abkürzungen für wiederkehrende Formulierungen und Begriffe, welche auf Seite 54 des Booklets erklärt sind.

Einige Tätigkeiten solltest du dir nach jedem größeren oder kleineren Nähschritt einprägen. In der Anleitung wird nicht jedes Mal explizit darauf hingewiesen. Diese sind:

- Beachte die Nahtzugaben und Knipse.

- Bevor du eine Naht beginnst oder endest, nähe einige Stiche vor und zurück, damit die Naht auch hält.

- Schneide nach jeder Naht die Fäden ordentlich ab.

- Stecke oder hefte dir die zu nähenden Teile vorher zusammen.

- Bügle das Nähstück vor oder nach jedem Nähschritt.

- Beim Nähen durch mehrere Stofflagen arbeite langsam und achte darauf, dass sich der Stoff während des Nähens nicht zu viel ausdehnt insbesondere Jeansstoff mit Stretchanteil. Wechsle während des Setzens einer Naht die Richtung. Dieses Vorgehen verhindert eine einseitige Dehnung des Stoffes.

- Und zu guter Letzt: Bewahre immer die Ruhe! Sollte etwas nicht gelingen, dann lehne dich zurück, warte einige Minuten oder verlasse deinen Arbeitsplatz und mache später bei deinem Nähstück weiter. Du wirst sehen mit ein bisschen Distanz findet sich immer eine Lösung.

SO GEHT'S

VORDERHOSEN

Ich beginne bei einer Jeans immer mit den Vorderhosen.
Bevor du mit dem eigentlichen Nähen beginnst, stelle an deiner
Nähmaschine eine größere Stichlänge (4 bis 5 mm) ein,
denn die Nähte sollen sich hervorheben.

Taschenspiegel auf Taschenbeutel nähen

a) Lege den TS auf den TB auf und zeichne
    die Nahtzugaben gemäß deiner Schnittvorlage ein.

b) Schlage die Nahtzugabe des TS ein.

c) Setze nun eine knappkantige Naht entlang des gesamten TS,
    damit er auf dem TB fest ist. Damit du keine Falten einnähst,
    achte beim Nähen darauf, dass du den Stoff behutsam
    mit den Händen nachschiebst.

d) Der aufgenähte TS.

Münztasche

Die Münztasche befindet sich immer auf dem TS der rechten VH.

a) Schlage die Nahtzugaben zweimal an der oberen Stoffkante um.
Hier sind es jeweils 1 cm.

b) Setze zwei parallele gerade Nähte an den umgeschlagenen Seiten.

c) Bügle die restlichen drei Seiten auf die linke Stoffseite.

d) Positioniere nun die Münztasche auf den TS gemäß deiner Nahtzugabe. Halte Abstand zu den Nahtzugaben am Bund und an der seitlichen Beinnaht.

e) Anschließend steppe die Münztasche mit zwei parallelen Nähten an drei Stoffseiten fest ohne dabei die Öffnung zu verschließen und verriegle die oberen Ecken mit einem engen Zick-Zack-Stich.

SO GEHT'S

Taschenbeutel auf Vorderhose annähen

a) Stecke jetzt die Vorderseite des TB (jene mit aufgenähtem TS) an die rechte Stoffseite der Taschen-Eingriffrundung der VH fest.

b) Abgesteckte Eingriffrundung an der VH.

c) Nähe jetzt mit ca. 5 mm Abstand von der Stoffkante entfernt an der Rundung der Eingrifftaschen entlang. Drehe den Stoff vorsichtig unter deinem Nähfuß an der Rundung d) entlang, damit sich keine Falten bilden.

e) Wende nun den TB nach hinten auf die linke Stoffseite der VH.

f) Streiche mit dem Fingernagel die Kanten auf die linke Stoffseite, damit der TB nicht mehr sichtbar ist.

g) Setze an den Eingrifftaschen der rechten Stoffseite der VH zwei parallele Nähte. Achte darauf, den Stoff so unter dem Nähfuß zu führen, dass er keine h) Falten wirft.

HIER RECHTE VH
TASCHEN-EINGRIFFRUNDUNG

HIER LINKE VH
TASCHEN-EINGRIFFRUNDUNG

i) Lege dir die soeben genähten Eingrifftaschen so zurecht, dass man den TS sieht. Fixiere mit einer kurzen Naht die jeweiligen Enden der Eingrifftaschen. Einmal quer oben zum Bund (1) und einmal längs zur seitlichen Stoffseite (2) hin, damit diese fixiert sitzen. Beachte dabei für deinen Schnitt die Maßangaben bzw. Knipse.

Verschließen der Taschenbeutel

a) Verschließe nun die offenen Seiten der TB mit einer Overlocknaht, einem engen Zick-Zack-Stich oder schlage den TB am unteren Ende zweimal um und setze eine oder zwei Nähte für einen geschlossenen TB.

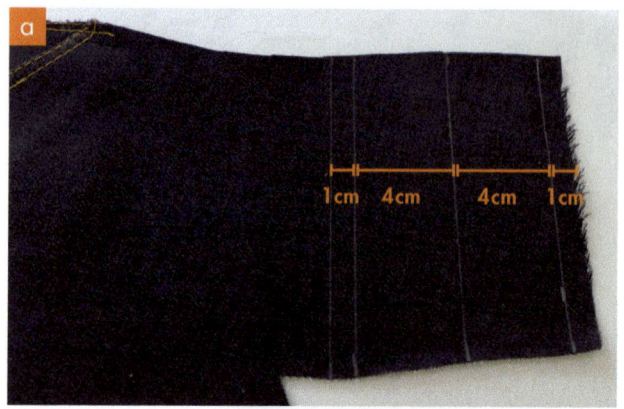

1cm 4cm 4cm 1cm

SO GEHT'S

Reißverschluss
Untertrittbeleg

Bei den meisten Schnittmustern ist der UB bereits an einer der VH inkludiert. Beachte die Vorgaben und Maße bei deinem Schnitt.

a) Beim vorliegenden Schnittmuster beträgt der UB 10 cm Länge. Folgendermaßen wird nun dieser unterteilt: Zweimal 1 cm am inneren und äußeren Rand und zweimal 4 cm im Innern des UB.

b) Versäubere den unteren Rand des UB mit einem Overlock- oder einem engen Zick-Zack-Stich deiner Nähmaschine.

c) Bügle die soeben versäumte untere Schnittkante laut Nahtzugabe auf die linke Stoffseite. Ebenso die äußere Schnittkante des UB. (1)

d) Steppe die soeben gebügelten Teile mit einer geraden Naht seitlich und an der unteren Schnittkante des Stoffes fest.

e) Falte den mittleren Stoffteil auf die linke Stoffseite

f) und setze eine Naht entlang der Bruchfalte (2) um den UB zu stabilisieren.

g) Schiebe die Bruchfalte über den gefalteten Teil des UB.

h) Rückseite des UB.

Aufbau eines Reißverschlusses

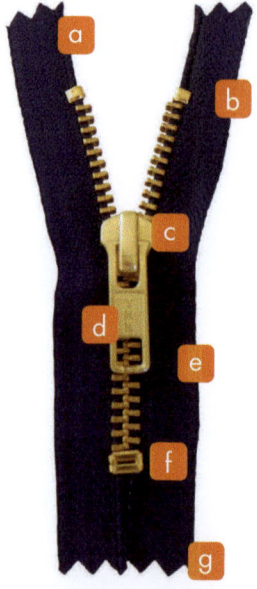

a) Oberes Bandende

b) Anfangsteil

c) Schieber, Schlitten

d) Schiebergriff

e) Band

f) Endteil

g) Unteres Bandende

Übertrittbeleg

a) Übertrage die Nahtzugabe. Versäubere den ÜB gleichmäßig
    an allen Seiten mit Overlock- oder engen Zick-Zack-Stichen.

b) Stecke nun die RV-Vorderseite auf die rechte Stoffseite des ÜB.
    Achte auf die Einhaltung des Abstandes zum Stoffrand gemäß
    deinem Schnittmuster. Lasse dabei das obere Bandende des RV
    ein wenig überstehen *(Pfeil)*.

LINKE STOFFSEITE

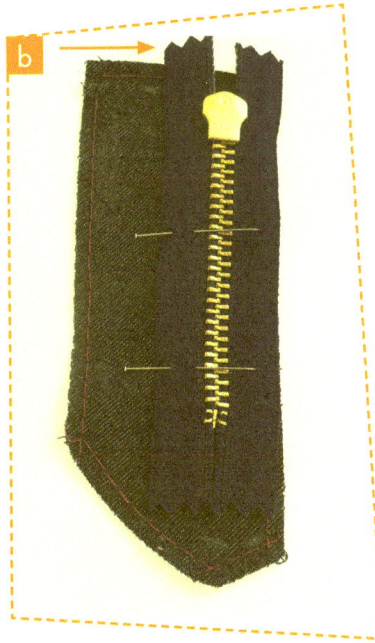

c) Setze eine knappkantige
    gerade Naht vom Anfangsteil
    RV bis zum Endteil des RV.

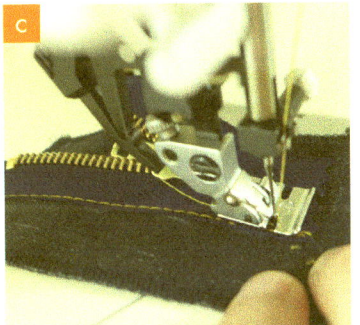

d) Nimm die linke Vorderhose und bügle entlang der vorderen Schnittkante die Nahtzugabe auf die linke Stoffseite.

e) Stecke den ÜB mit dem soeben angenähten RV mit der linken Stoffseite an die Schnittkante f) Kante an Kante fest.

U-Form Schritt

a) Schneide aus deinem Schnittmuster die U-Form des Schrittes aus.
Mit Schneiderkreide pause das b) U auf die Vorderhose.
Achte darauf, dass du das U knapp unter das untere Bandende
des RV zeichnest.

c) Schließe den RV und lege den ÜB derart, dass die Vorderseite des RV
flach aufliegt. Stecke die zwei Bandenden des RV nach oben, sodass
diese beim Nähen der U-Form nicht mit eingenäht werden.

SO GEHT'S

d) Steppe jetzt eine Naht entlang des U's und beginne dazu beim Übergang zum Bund. Behalte während des Nähens auch die Rückseite im Blick um sicherzugehen, dass du keine Falten einnähst bzw. dass du den ÜB sauber mitnimmst und nicht auf den RV nähst. Achte darauf, dass am Ende dieses Nähschrittes die Bandenden des RV nicht mit eingenäht sind.

BRUCHFALTE

UNTERTRITT-BELEG

e) Bringe jetzt ÜB und UB der VH zusammen, indem du den ÜB mit dem RV auf den UB und unter die Bruchfalte schiebst. Achte auf Bündigkeit beim Verbinden der linken und rechten VH.

f) Steppe nun mit einer geraden knappkantigen Naht den RV auf den UB entlang der Bruchfalte fest.

Vordere Schrittnaht – schnelle Jeansnaht

a) Übertrage die Nahtzugabe auf beiden Seiten der vorderen Schrittteile.
Versäubere den uneingeschlagenen Teil mit einem Overlock- oder
einem engen Zick-Zack-Stich (1). Das Gegenstück schlage um die
Nahtzugabe ein.

b) Lege den eingeschlagenen auf den versäuberten Teil und
fixiere beide Schrittteile mit Stecknadeln.

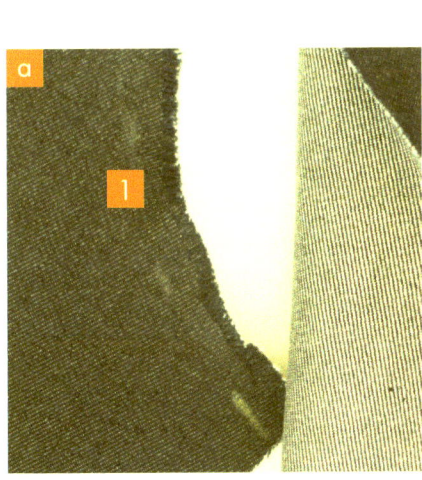

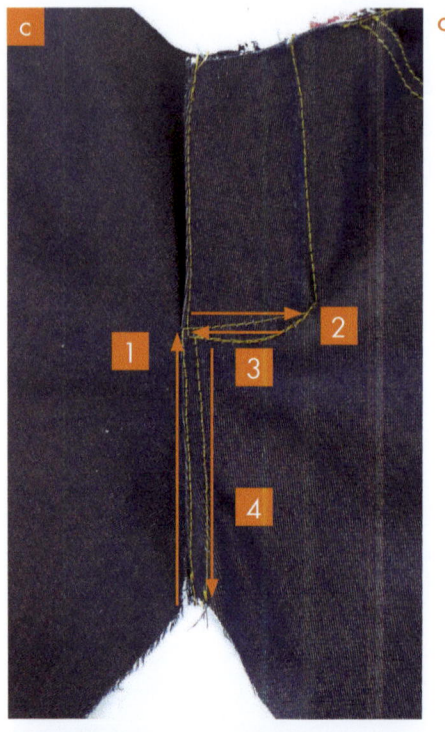

c) Steppe nun zwei parallele Nähte, um die vorderen Hosenteile beim Schritt vollständig miteinander zu verbinden. Beginne beim Schrittende (Übergang zu den Hosenbeinen) und nähe bis zur U-Naht des Schrittes (1). Wende den Nähfuß nach rechts und nähe bis knapp unterhalb des RV eine gerade Naht (2). d) Anschließend nähe wieder auf der U-Naht entlang (3). Danach setzt du neben der ersten Naht eine zweite parallele Naht hin zum Schrittende (4).

e) Verriegele den Bereich beim U mit engen Zick-Zack-Stichen.

HINTERHOSEN – SCHNELLE JEANSNAHT

Passen

a) Lege die Passe mit der rechten Stoffseite auf die rechte Stoffseite der HH auf. Setze entlang deiner Nahtzugabe eine gerade Naht, um die Passe an der HH fest zu steppen.

b) Versäubere die Schnittkante mit dem Overlock- oder engem Zick-Zack-Stich und bügle die Nahtzugabe in Richtung der Hosenbeine.

SO GEHT'S

c) Setze nun auf der rechten Stoffseite zwei parallele Ziernähte an der Verbindungsstelle zwischen Passe und Hinterhose.

Hintertaschen

Bei den HT gehe genauso vor wie bei den Münztaschen auf Seite 18. Positioniere die HT laut deines Schnittmusters oder platziere die HT so, wie sie dir gefallen.

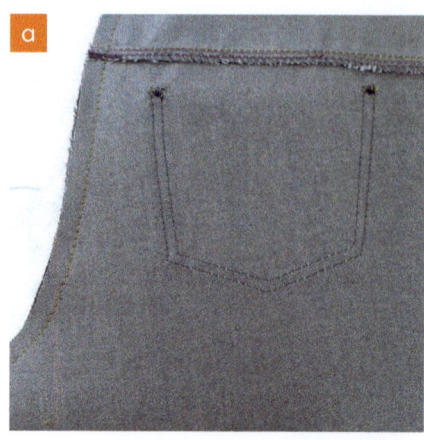

SO GEHT'S

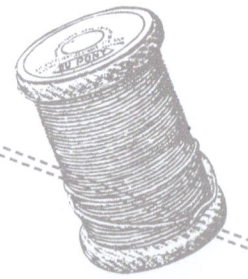

Gesäßnaht – schnelle Jeansnaht

a) Lege die beiden Hinterhosen mit den Stoffseiten rechts auf rechts und setze gemäß deiner Nahtzugabe eine gerade Naht entlang der kompletten Gesäßnaht.

b) Versäubere die Schnittkante mit einem Overlock- oder einem engen Zick-Zack-Stich.

c) Bügle nun auf der linken Stoffseite die soeben versäumte Nahtzugabe auf jene Hosenseite cd¹) bei welcher du bei der vorderen Schrittnaht auf eben dieser Seite zusammenkommst.

d) Jetzt steppe die gebügelte Nahtzugabe auf der rechten Stoffseite mit zwei parallelen Nähten fest.

cd¹) Die gesteppten Nähte müssen sich jeweils auf derselben VH/HH Seite befinden. Bei dieser Hose befindet sich die gesteppte Gesäßnaht auf der linken HH bzw. der e) linken VH Schrittnaht.

 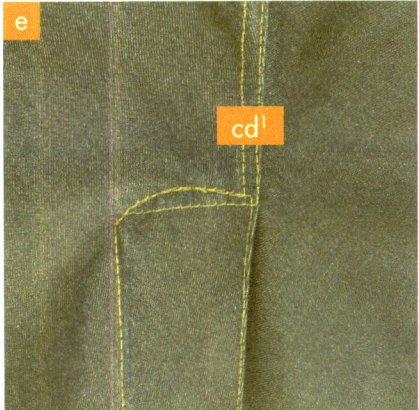

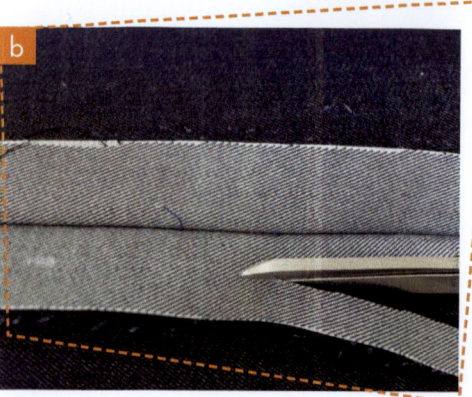

SO GEHT'S

VERBINDEN DER HINTER- & VORDERHOSEN

Innere Beinnaht – doppelte Kappnaht oder Jeanskappnaht

Lege die beiden Vorder- und Hinterhosenteile mit den Stoffseiten links auf links und übertrage die Nahtzugabe.

a) Setze anschließend eine gerade Naht entlang deiner Nahtzugabe, um die vorderen und hinteren Hosenteile miteinander zu verbinden.

b) Öffne die Nahtzugaben und bügle sie nach beiden Seiten um. Dann schneide die Nahtzugabe, auf der später die Naht gesetzt wird, auf die Hälfte zurück.

c) Schlage die ungekürzte Nahtzugabe einmal über die zurückgeschnittene Nahtzugabe und bügle nachher die eingeschlagene Nahtzugabe flach.

d) Setze eine knappkantige Naht entlang der eingeschlagenen Kante.

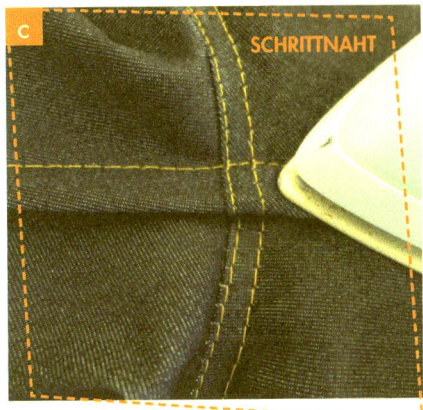

Äußere Beinnaht

a) Drehe die Stoffseiten der VH und HH rechts auf rechts und setze eine Naht gemäß deiner Nahtzugabe entlang der äußeren Beinnaht.

b) Versäubere die Nahtzugaben mit einem Overlock- oder einem engen Zick-Zack-Stich.

c) Setze eine zusätzliche Verstärkungsnaht entlang der äußeren Beinnaht auf der rechten Stoffseite (Länge nach Geschmack) und versäubere diese am Ende mit einem kleinen Zick-Zack-Stich. Diese Naht hilft dir zusätzlich den TB in der Hose zu fixieren.

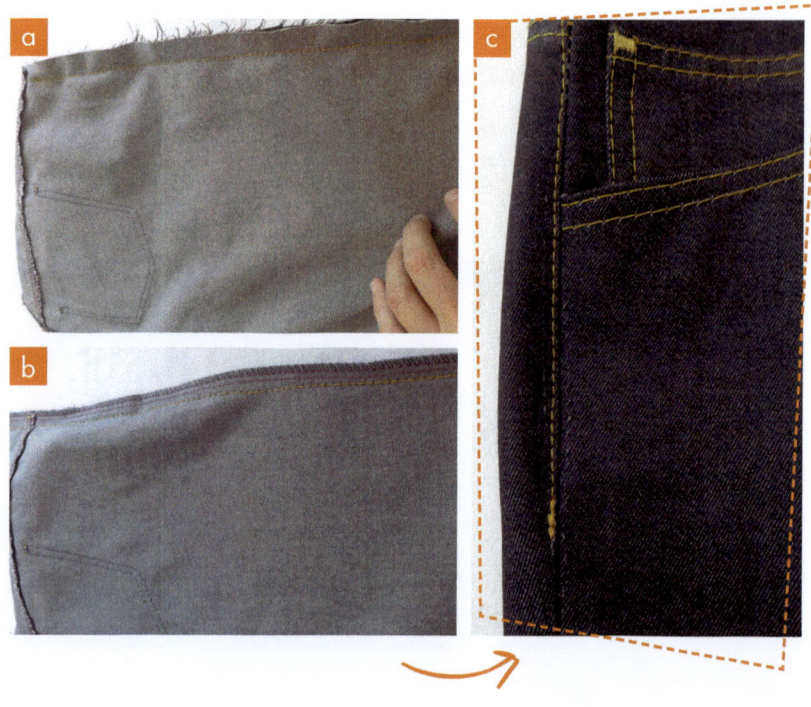

BEINSAUM

a) Schlage zweimal zu jeweils 1 cm die Stoffkanten um und bügle die Kanten glatt.

b) Setze jetzt eine gerade Saumnaht entlang des gesamten Beinabschlusses.

JEANSBUND

Formbund

Der Formbund ist stark gebogen und hat eine kurze und eine lange Seite. Ich markiere mir mit Kreide die lange und die kurze Seite des Formbundes jeweils mit „L" und „K". Das gibt mir Orientierung, wenn ich den Formbund anbringe.

Äußerer Formbund

a) Schneide die Vlieseline wie den äußeren Formbund zu und bügle die Vlieseline mit der beschichteten Seite mit Hilfe eines Backpapiers oder Geschirrtuches (zur Schonung des Bügeleisens) auf die linke Stoffseite des äußeren Formbundes auf.

b) Stecke nun den äußeren Formbund mit der langen („L") und rechten Stoffseite an den äußeren Bund fest. Beginne dabei an der hinteren Gesäßnaht und arbeite dich jeweils zu beiden Seiten zu den Bundöffnungen hin.

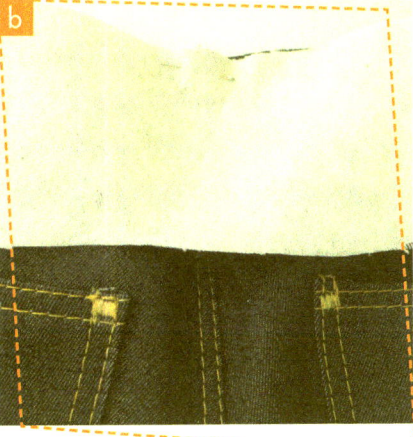

c) Beachte, dass bei der Bundöffnung 1 bis 2 cm Nahtzugabe überstehen müssen, damit man einen schönen geschlossenen Bundabschluss erhält.

d) Steppe jetzt den äußeren Formbund mit einer geraden Naht gemäß deiner Nahtzugabe an die Hose fest.

Formbünde verbinden

a) Stecke jetzt den inneren Formbund mit der kurzen („K") und rechten Stoffseite auf den äußeren, rechten Stoffseiten Formbund Kante auf Kante auf.

b) Steppe nun den inneren Formbund an den äußeren Formbund gemäß deiner Nahtzugabe mit einer geraden Naht fest und beende die seitlichen Bundöffnungen mit einer senkrechten Naht, die genau an der Übergangsstelle von der Hose zum Bund endet.

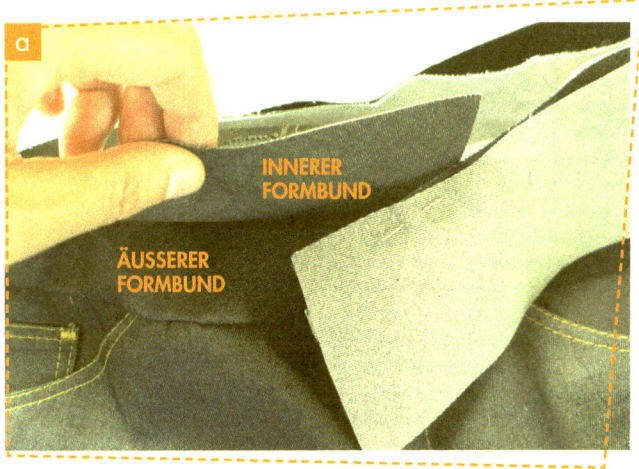

SO GEHT'S

c) Schneide jetzt die Nahtzugabe des zusammengenähten Formbundes auf ca. 5 mm zurück. Beginne dabei an der seitlichen Öffnung des Bundes und schneide d) weiter hinauf zur Ecke des Bundes. Schneide diese auf ca. 2 bis 3 mm neben der Ecknaht zurück ohne die Naht dabei zu beschädigen.

e) Schneide weiter entlang der ganzen Länge des Formbundes die Nahtzugabe auf 5 mm zurück.

f) Bei den Rundungen des Formbundes schneide mit der Schere den Stoff bis zur Naht ein, damit diese sich nachher besser wenden lässt.

g) Stürze den Bund auf die rechte Stoffseite. Arbeite mit dem Kantenformer oder einem Pfriem die Ecken stückweise sauber heraus.

h) Bügle jetzt den inneren Formbund sauber nach unten auf die Innenseite des Hosenbundes. Die lange Seite des inneren Formbundes sollte auf der Naht sitzen, welche du als erste für das Anbringen des äußeren Formbundes gefertigt hast.

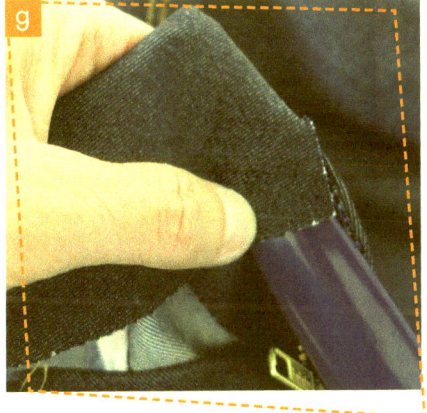
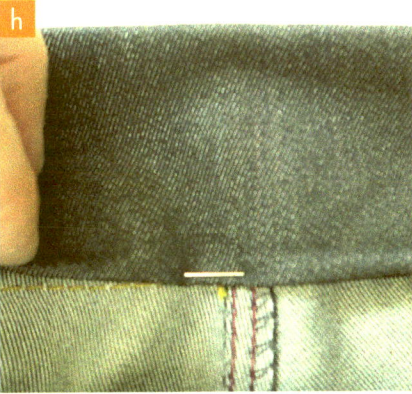

Schlage die Nahtzugabe ein und fixiere den Formbund beginnend von der hinteren Gesäßnaht aus mit Stecknadeln. Arbeite dich wieder jeweils von beiden Seiten nach vorne zu den Bundöffnungen hin. Setze die Stecknadeln so, dass du diese von der rechten Stoffseite während des Nähens wieder herausnehmen kannst.

i) Steppe jetzt mit einer knappkantigen Naht den inneren Formbund an die Hose fest. Nähe entlang des äußeren Bundes, um ein schönes Nahtbild an der sichtbaren Seite der Hose zu erhalten. Lass den Stoff vorsichtig unter der Nähmaschine gleiten, um Faltenbildung zu verhindern.

j) Nähe weiter zu den Bundöffnungen, hinauf zu der Bundecke und einige Stiche gerade weiter, wo du die Naht beendest.

k) Nähte am inneren Formbund.

Gürtelschlaufen

a) Versäubere die Nahtzugaben der Gürtelschlaufe mit Overlock-
oder engen Zick-Zack-Stichen. Schlage die Nahtzugaben
auf die linke Stoffseite ein.

b) Steppe auf der rechten Stoffseite knappkantig zwei Nähte
entlang der eingeschlagenen Stoffkanten und schneide sie gemäß
Schnittvorlage in fünf gleiche Teile.

c) Schlage an beiden Seiten jeder Gürtelschlaufe die Nahtzugabe ein
und fixiere sie gleichmäßig mit Stecknadeln auf den Hosenbund.
Nähe die Gürtelschlaufen mit einer geraden Naht jeweils zuerst am
oberen Bund und danach unten an die Passe bzw. auf die VH fest und
verriegele die Naht jeweils mit einem kleinen, engen Zick-Zack-Stich.

ABSCHLUSSARBEITEN

Knopfloch

a) Messe den Durchmesser deines Jeansknopfes und markiere die Stelle und die Länge am Bund, wo das Knopfloch gesetzt wird. Bei meiner Hose befindet sich diese an der linken VH. Setze in deiner Nähmaschine den Knopflochfuß ein und steppe das Knopfloch mit der Funktion deiner Nähmaschine.

b) Anschließend schneide mit der Schere das Knopfloch auf.

SO GEHT'S

SO GEHT'S

a

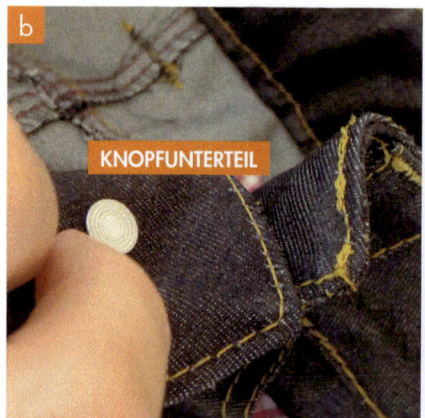

b

KNOPFUNTERTEIL

c

Knopf und Nieten

a) Steche am darunterliegenden Bund an der Stelle mittig unter dem Knopfloch mit einem spitzen Nagel oder Pfriem ein kleines Loch durch den Stoff.

b) Als nächstes schiebe das Knopfunterteil von innen nach außen durch den Stoff. Lege den Hosenbund auf eine dicke Holzunterlage und stecke den Knopf genau auf das untere Knopfteil auf.

c) Damit die Oberfläche nicht zerkratzt lege ein weiches Tuch auf den Knopf und schlage mit einem gezielten festen Hammerschlag drauf.

d) Der Jeansknopf ist richtig befestigt, wenn er sich nicht mehr drehen lässt.

e) Gehe bei den Nieten genauso vor.

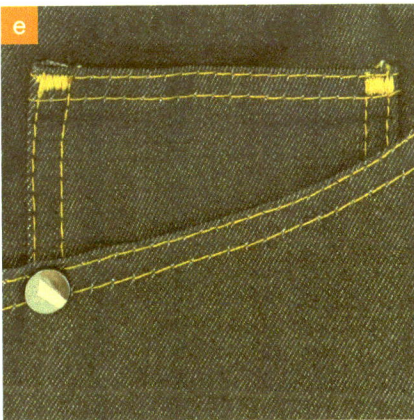

Label und Sengen

a) Zum Schluss *(falls vorhanden)* nähe dein Label auf und senge mit dem Feuerzeug alle abstehenden Fäden ab.

ABKÜRZUNGEN

VH	Vorderhose	**TS**	Taschenspiegel
HH	Hinterhose	**TB**	Taschenbeutel
HT	Hintertaschen	**UB**	Untertrittbeleg
RV	Reißverschluss	**ÜB**	Übertrittbeleg

GLOSSAR

DENIM

Bei diesem Stoff handelt es sich um eine ganz besondere Körperbindung. „Charakterisch für Denim ist, dass vor dem Webvorgang die Kettfäden in Mantelfärbung indigoblau eingefärbt werden, die Schussfäden jedoch weiß bleiben." [4]

FORMBUND

Hat eine geschwungene Oberkante, die der Körperform entgegenkommt. Schmiegt sich im Vergleich zum geraden Bund besser an den Körper an.

DOPPELTE KAPPNAHT

Diese bietet eine saubere, stabile Verbindung. Das Versäubern entfällt.

GERADER BUND

Gerades Stoffstück.

KNAPPKANTIG

1 bis 2 mm neben der Kante nähen.

KNIPSE

Sind Markierungspunkte auf einem Schnittmuster.

OVERLOCKNAHT

Versäuberungsnaht, bei der die Stoffkante mit drei oder vier Fäden eingefasst wird. Mit den Messern lassen sich auch gleichzeitig die Stoffkanten beschneiden.

PASSEN

Keilförmige Stücke zwischen hinterem Bund und hinterem oberen Hosenbein.

SENGEN

Abbrennen von abstehenden Fäden durch ein Feuerzeug.

4) Schmidt, 2003, S. 10

Jeans
gerader Schnitt
mit 100 %
Baumwollstoff